A L'ARMÉE ET A LA MARINE.

UN MÉMOIRE
QUI PEUT-ÊTRE EN VAUT BIEN D'AUTRES,

OU CONSIDÉRATIONS

SUR LA GUERRE D'ORIENT,

DÉVELOPPÉES, SOUS FORME DE SAINE CRITIQUE,

Dans une Lettre que le sieur PROSPER DU MONT, officier démissionnaire,

A EU L'HONNEUR D'ADRESSER, LE 18 JANVIER 1856,

A M. LE GÉNÉRAL BOSQUET,

Aujourd'hui Maréchal de France.

PERPIGNAN.
IMPRIMERIE DE J.-B. ALZINE,
Rue des Trois-Rois, 4.

1857.

AVANT-PROPOS.

Si je me suis décidé, quoique un peu tard, à livrer à la publicité ce faible écrit, sorti de ma plume toute novice, c'est bien plutôt pour rendre un hommage mérité au noble caractère, aux talents distingués de M. le maréchal Bosquet, que pour me donner la vaine et puérile satisfaction de produire, sous le patronnage emprunté d'un nom illustre, ma prose toujours contenue, parfois caustique, mais nullement agressive.

Obscur habitant du Roussillon, j'ai voulu mêler ma voix enthousiaste à celle des populations des Basses-Pyrénées qui, par de chaleureuses et unanimes acclamations, ont salué dans la personne du général Bosquet, au retour de Crimée, une des *gloires* les plus pures, les plus solides de la *grande armée d'Orient*. — Et, certes, ce n'est pas peu dire; car, il y avait dans les troupes alliées des chefs d'une haute capacité et d'un courage éprouvé. Mais, il n'en est pas moins vrai que le général Bosquet n'a été inférieur à aucun de ses dignes émules au Maréchalat, ni en vigueur ni en audace ni en habileté.

Ne sont-ce pas, en effet, ses rapides et intelligentes manœuvres sur les champs de bataille de l'Alma, d'Inkermann et de la Tchernaïa qui ont puissamment contribué à fixer la victoire du côté du *bon droit?* — N'est-ce pas, grâce à son entrain tout chevaleresque; n'est-ce pas grâce à ses sages et savantes mesures, que les Français ont réussi, dans un second assaut, mieux combiné, mieux ordonné que celui du 18 juin, à prendre d'emblée la fameuse et terrible tour Malakoff, considérée, à juste titre, comme la clef même du Sébastopol-Sud?

Honneur donc, trois fois honneur au maréchal Bosquet!

Et qu'il reçoive, ici, l'expression publique de nos remercîments et de notre reconnaissance pour les immenses services qu'il a rendus, pour la gloire incontestable qu'il a acquise à notre chère patrie.

Perpignan, 18 janvier 1856.

A M. LE GÉNÉRAL BOSQUET.

> *Sicut aqua profunda, sic consilium in corde viri; vir sapiens exhauriet illud.*
> (Prov. c. 20, v. 5.)
>
> Les conseils se recèlent dans le cœur de l'homme à la manière d'un profond abîme sous une eau dormante : mais l'homme sage les épuise ; il en découvre le fond.
> (Traduction de Bossuet, dans l'Oraison funèbre de Michel Le Tellier, chancelier de France.)

Général,

Au moment où vous avez l'honneur de siéger dans le Grand Conseil de Guerre tenu, à Paris, sous la présidence de S. M. l'Empereur, je crois utile de vous adresser, relativement à l'importante question du jour, quelques observations qui me sont suggérées par mon ardent et sincère patriotisme.

Et d'abord, je vous le demande, est-il bien urgent de continuer la guerre actuelle au seul profit de l'Angleterre ? — Car, vous ne pouvez pas vous dissimuler, Général, que la Grande-Bretagne a un intérêt direct et réel dans la prolongation des hostilités, — attendu qu'en dirigeant, de concert avec ses alliés, et surtout avec la France, des attaques vraiment formidables contre la partie du littoral de la Mer-Noire, qui appartient à la Russie ; — attendu qu'en poursuivant, à outrance, l'expédition de Crimée, elle oblige le Czar à faire camper dans les provinces méridionales de ses États européens, les nombreuses troupes qu'il tenait, d'ordinaire, rassemblées sur les frontières de la Perse, et avec lesquelles il semblait toujours menacer l'Hindoustan, cette vaste et fertile colonie, considérée, à bon droit, comme le plus beau joyau de la couronne de S. M. la Reine Victoria ; — attendu aussi que la quadruple coalition formée avec tant de prestesse et d'habileté par le cabinet de Saint-James, contre la nation qui, par ses développements territoriaux, presse déjà, de toutes parts, dans l'Asie centrale, l'orgueilleuse et omnipotente domination anglaise; — attendu, disons-nous, que cette coalition, nouveau chef-d'œuvre de la politique jalouse de nos superbes voisins d'Outre-Manche, porte une grave, une sérieuse atteinte aux intérêts de l'empire moscovite, et, par suite, met pour long-temps l'Autocrate du Nord dans l'impossibilité absolue d'entreprendre la conquête de l'Inde, rêvée plus que jamais par les successeurs de Pierre-le-Grand, depuis surtout qu'ils savent, par l'exemple de l'Angleterre, que la possession de l'Hindoustan conduit à la domination du monde; — attendu, enfin, que le principal but de la magnifique Albion (cette puissance insulaire, essentiellement marchande, qui n'aspire à rien moins qu'à l'empire incontesté des mers), est de détruire entièrement les flottes russes, dont la réunion, dans un temps donné, et peut-être moins éloigné qu'on ne le croit, aux forces maritimes de la France et des États-Unis, aurait pu contrebalancer sur l'Océan la fortune britannique.

Pour vous convaincre, Général, que tout ceci n'est pas un sot et puéril radotage, je me permettrai de vous citer les passages suivants que j'ai extraits d'un livre publié, en 1845, sur l'Empire de Russie par un résident Anglais, général-diplomate:

« Si l'on examine, dit notre auteur, la situation actuelle des
« différentes puissances navales, leurs ressources, et les vastes
« changements que l'introduction de la vapeur doit apporter à
« l'art de la navigation, deux choses nous frapperont. D'abord,
« *il est certain que la supériorité maritime de l'Angleterre sur toutes*
« *les nations du monde, n'a jamais été aussi grande qu'aujourd'hui;*
« ensuite il est évident que les conséquences de cette suprématie,
« d'abord limitées, seraient aujourd'hui la prompte et entière
« destruction de l'adversaire qui voudrait la lui contester. Jus-
« qu'aux dernières guerres, une flotte vaincue restait encore for-
« midable; elle pouvait, à l'abri des ports où elle se réfugiait,
« occuper, pendant des années, les forces du vainqueur en l'obli-
« geant à la surveiller: battue, mais non pas détruite, elle ne
« cessait pas d'être à redouter. Aujourd'hui, c'est, croyons-nous,
« une opinion générale parmi les hommes compétents, qu'avec le
« progrès de l'art naval et des moyens de destruction, toute puis-
« sance supérieure sur mer doit, en peu de temps, non-seulement
« y régner seule, mais ne laisser paraître sur l'Océan aucun pa-
« villon capable de lui porter ombrage »

Plus loin, le même auteur ajoute dans un style peu correct :

« C'est maintenant un fait établi que l'infériorité sans espoir de
« toutes les autres nations dans une guerre maritime contre la
« toute-puissance de la Grande-Bretagne; et tous les esprits
« éclairés ne s'en font pas mystère à eux-mêmes, bien qu'ils ne
« se soucient pas toujours d'en faire ostensiblement l'aveu. »

Plus loin encore il s'écrie superbement :

« On ne peut guère douter que, sous le rapport de la puissance
« maritime, la France et la Russie ne se considèrent, aussi bien
« que les États-Unis, comme les rameaux divisés du faisceau,
« qui, réunis, peuvent défier toutes les forces de l'Angleterre,
« sous lesquelles chacune de ces nations succomberait isolé-
« ment. Si cet espoir de lutter avec succès contre la marine an-
« glaise est illusoire, selon nous, même pour ces trois marines
« réunies, il faut admettre aussi que l'appréciation très-juste
« qu'elles font des immenses ressources de la Grande-Bretagne,
« les poussera impérieusement à saisir l'occasion la plus favorable
« de l'attaquer, c'est-à-dire, sans attendre la destruction de l'une
« d'entr'elles. Nous devons confesser que, dans la situation actu-
« elle des affaires maritimes, nous ne voyons aucun milieu rai-
« sonnable entre cette alternative d'une guerre de coalition que
« peuvent amener les préjugés, et l'ignorance d'une majorité
« nationale en France ou aux États-Unis, et l'abandon de toute
« idée d'élever d'autres marines en face de la suprématie britan-
« nique. »

Vient, enfin, ce dernier passage, qui, certes, n'est ni le moins
curieux, ni le moins instructif de tous ceux que j'ai cru devoir
transcrire ici :

« Confiants dans notre force, ainsi que nous devons l'être en
« comparant nos ressources navales à celles de tout l'univers,
« nous ne nous aveuglons pas néanmoins sur les probabilités
« d'une attaque de la part des autres peuples. L'inépuisable fécon-
« dité de nos houilles, de nos fers, de notre industrie, jointe à
« son aptitude spéciale pour la marine, *doit donner à l'Angleterre,*
« *par le cours naturel des choses, l'empire incontesté de l'Océan;* là
« OÙ ELLE N'A ENCORE ÉTÉ QU'ARBITRE, ELLE DOIT ÊTRE SEULE ET
« ABSOLUE MAÎTRESSE. Mais, il ne faut pas s'attendre que le reste
« du monde laisse usurper la part de l'empire des mers qu'il voit
« lui échapper peu à peu, sans faire une dernière tentative pour

« la retenir. On ne peut croire qu'il consente à courber le front
« sous le sort inévitable dont l'avenir le menace, lorsqu'il a l'es-
« poir téméraire, il est vrai, de puiser dans son énergie collective
« une dernière chance de détourner le joug. » Quelle outre-cui-
dance; mais aussi quel avertissement!

Et maintenant que ces aveux, quelque peu prolixes, échappés
de la plume indiscrète, et, en vérité, peu exercée d'un diplomate
anglais, vous ont, sans aucun doute, Général, suffisamment édifié
sur les prétentions dominatrices de nos chers et intimes alliés, —
prétentions qui, du reste, ne datent pas d'aujourd'hui ; — et maintenant que ces longues et instructives citations, puisées à une source
authentique et quasi-officielle, corroboreront, bien certainement,
l'opinion que vous vous étiez déjà formée relativement au profond
danger que fait courir à la France, pour un avenir peut-être très
rapproché, notre participation inintelligente au complet anéantissement de la marine russe; et maintenant que nous devons nous
attendre à ce que le cabinet de Saint James, cet artiste émérite en
coalitions européennes, s'attachera plus que jamais à communi-
quer aux gouvernements alliés ses jalousies, ses passions, ses
haines, depuis trente ans nourries en secret, couvées à petit bruit
contre la Russie, vous me permettrez bien, dans la prévision d'une
large extension de la guerre, d'appeler votre attention toute
particulière, non-seulement sur certaines combinaisons militaires,
qui, adoptées en temps convenable, seraient de nature à procurer
à la France des succès réellement avantageux, mais encore sur
certaines propositions, qui, j'ose le croire, vous paraîtront utiles
pour le meilleur emploi des forces de terre et de mer dont le
gouvernement de S. M. l'Empereur dispose.

Comme, en définitive, je ne me propose rien moins que de
passer en revue au pas de course, il est vrai, l'expédition de
Crimée, les deux dernières campagnes des Turcs, ou, si vous le
voulez, des Russes en Asie, les expéditions de 1854 et de 1855,
dans la Baltique; comme je désire aussi et surtout vous soumettre
très sommairement, du reste, un petit plan de campagne, ou
plutôt, un plan d'invasion applicable, relatif à l'ancien royaume
de Pologne, je m'efforcerai d'être lucide autant que bref, et, pour
plus de sûreté, je procéderai par ordre.

Raisonnons donc sérieusement, et avant tout, sur le but que
nous avons déjà atteint et que nous pouvons espérer encore

d'atteindre par la brillante, mais coûteuse expédition de Crimée. Or, il est évident que le résultat le plus palpable, le plus marquant que les armées alliées aient obtenu jusqu'à présent par la prise de la partie-sud de Sébastopol, par le bombardement d'Odessa, par l'occupation de Kertch, de Kinburn, est l'anéantissement complet de la flotte russe, dite de la Mer-Noire, et, par suite, l'éclipse totale, la disparition entière du pavillon moscovite de ces mêmes parages où, naguères, il régnait en maître! — Premier et magnifique triomphe pour l'Angleterre, acquis, hélas! au prix du sang de nos braves soldats et au détriment de notre bourse!! — Première erreur (peut-être à jamais irréparable) de la part de la France!!!

Et, au sujet du siége glorieux, mais ruineux de Sébastopol, je ne puis m'empêcher de vous citer le passage suivant d'une lettre que j'ai eu l'honneur d'adresser, à la date du 27 novembre 1854, à S. A. Reschid-Pacha, alors Grand-Visir et Ministre des affaires étrangères de Sa Hautesse le Sultan :

« Mais, puisqu'on avait résolu de frapper un grand coup en
« Crimée, il fallait, du moins, ce me semble, procéder méthodi-
« quement. Aussi ai-je lieu de m'étonner qu'au moment d'entre-
« prendre un siége difficile contre Sébastopol, cette aire gigan-
« tesque du vautour moscovite, ce repaire crénelé, casematé des
« féroces promoteurs et consommateurs de l'attentat de Sinope; —
« aussi ai-je lieu de m'étonner, je le répète, que les futurs vain-
« queurs d'Alma et d'Inkermann n'aient pas songé, avant toute
« chose, à s'emparer, de vive force ou par surprise, de la forte-
« resse qui commande l'isthme de Pérécop. Dépossédés, par ce
« seul et facile fait d'armes, de toute communication terrestre;
« privés déjà de toute communication par mer, les Russes étaient
« mis *ex abrupto* dans l'impossibilité absolue de venir en aide à
« la ville assiégée, et, dès lors, sans être le moins du monde
« prophète, tout bon Musulman se donnait le plaisir d'assigner,
« à jour fixe, la chute du boulevard méridional de l'empire des
« Czars. Du même coup, Menschikoff et ses nombreux bataillons
« de Cosaques étaient faits prisonniers; et le jour, à jamais mémo-
« rable, où Nicolas Ier perdait, sans retour, Sébastopol, ce jour-
« là, soyez-en certain, il perdait aussi, sans retour, toute la
« presqu'île de Crimée. Je vous le demande, quelle gloire et quel
« succès nous obtenions en peu de temps!

« Mais, au lieu d'agir d'après les inspirations de la prudence la
« plus vulgaire et selon les règles tracées, pratiquées, à toute
« époque, par les plus grands hommes de guerre, nos généraux
« ont préféré se heurter, ou plutôt, passez-moi cette expression
« triviale, ont préféré *se casser le nez* contre des murailles de
« granit, hérissées de soldats, de canons et de bastions, contre
« une place formidablement défendue, que, par surcroît d'impé-
« ritie, ils n'ont voulu, ni pu, ni su investir complètement! —
« Aussi, a-t-il fallu que l'armée alliée, débarquée à la pointe
« méridionale de la Crimée, livrât non-seulement, sur les bords
« escarpés de l'Alma, un combat acharné aux Russes, mais encore
« repoussât dans l'espace d'un mois, sous les murs mêmes de
« Sébastopol, trois attaques désespérées. — Aussi, faut-il mainte-
« nant envoyer renforts sur renforts aux troupes assiégeantes,
« épuisées par une série de victoires plus glorieuses que décisives.
« Aussi, à cette heure, n'est-il donné à personne de pouvoir
« prédire le jour où *les ruines seules et toutes fumantes* de la prin-
« cipale forteresse de l'autocrate du Nord, nous appartiendront.
« Aussi, devra-t-on dépenser, presque en pure perte, beaucoup
« d'hommes, beaucoup d'argent, beaucoup de munitions, beau-
« coup de ressources de toute sorte, pour obtenir..... quoi ?.....
« le quart des résultats que la combinaison dont j'ai eu l'honneur
« de vous parler plus haut nous eût inévitablement et prompte-
« ment acquis. Et encore, plaise à Dieu que nos armes n'éprouvent
« point un échec; car, un premier pas fait dans la voie des désas-
« tres, pourrait nous conduire à bien des abîmes! »

Enfin, (et Dieu en soit loué!) nous avons emporté d'assaut le
Sébastopol-sud : grâces aussi vous soient rendues, Général, pour
la part glorieuse, mais, du reste, payée trop chèrement, que
vous avez prise à un tel succès! — De ce jour (9 septembre 1855),
à jamais mémorable pour les Anglais, à jamais néfaste pour les
marines secondaires, date la ruine entière de la flotte russe dans
la Mer-Noire.

Et maintenant (je m'adresse aux véritables hommes de guerre),
soyons de bonne foi, quel pas décisif avons-nous fait vers la
conquête de la Crimée, depuis les remarquables journées de septembre 1855? Je comprends et sais fort bien que l'hiver, surtout
en Russie, entrave toutes opérations militaires; mais, je me
demande avec quelque anxiété, si, après avoir disséminé une

notable partie des troupes expéditionnaires dans la ville de Kertch, séparée par une assez grande distance de la vallée de la Tchernaïa, et dans la garnison d'Eupatoria, fatalement isolée du gros de l'armée française par ce qui reste de Sébastopol aux mains des Russes (et, certes, ce n'est ni le moins important, ni le moins fortifié), oui, Général, je me demande avec anxiété si, au printemps prochain, le maréchal Pélissier, alors qu'il devra livrer bataille au prince Gortschakoff, parviendra à opérer, en une ou plusieurs fois, sur un seul et même point, la concentration de toutes ses forces, de manière à pouvoir battre en bloc ou en détail l'armée nombreuse et aguerrie qui lui est opposée. Eh bien! laissons de côté, si vous le voulez, Général, toute sombre appréhension; chassons de notre esprit toute anxiété, et admettons avec une confiance toute patriotique, que, dès l'ouverture de la prochaine campagne, les Russes soient vaincus, défaits dans un ou plusieurs combats homériques, et, par suite, obligés d'évacuer entièrement la Crimée,—moins, toutefois, la forteresse et le camp retranché de Pérécop, qu'ils tiendront, sans aucun doute, à honneur de défendre et de garder à tout prix, nous voilà donc à peu près maîtres (toujours par supposition, cela va sans dire) de toute l'ancienne Chersonèse Taurique. Examinons quels résultats une telle conquête procurerait à la France.

Si, pour tirer avantage de ce premier point d'appui que nous aurions trouvé en Crimée, nous formions le projet de tenter, par terre, une agression contre le continent russe, nous ne pourrions, en vérité, établir aucune base sérieuse, aucune base, proprement dite, d'opérations dans cette péninsule, attendu que contraints, d'abord, pour procéder à l'envahissement des provinces méridionales du Czar, de passer par l'isthme de Pérécop, commandé par la forteresse du même nom, nous risquerions grandement de voir anéantir notre armée dans cette sorte de Thermopyles par une poignée de soldats résolus, à plus forte raison par les réserves de Gortschakoff.—Ce qui donc était possible, au début de la guerre, par l'occupation instantanée, subite de Pérécop, ne l'est plus aujourd'hui, surtout, que l'on fait bonne garde en cet endroit. Dès lors, la conquête, *même absolue*, de la Crimée, ne pourrait nous conduire, dans un temps plus ou moins rapproché, qu'à la possession *entière* de Sébastopol; et encore, plaise à Dieu, que, dans le cas où la paix viendrait à être bientôt conclue, les Anglais ne réussissent pas à nous évincer adroitement, tout doucement, de cette ville, aux trois quarts ruinée aujourd'hui, mais qui, si nous avions la faiblesse, la bonhomie de la leur abandonner, ne tarderait pas à devenir entre leurs mains un second Gibraltar, plus redoutable que le Sébastopol russe pour toutes les marines du monde!

Voilà pourquoi, Général, nos *chers* alliés qui prévoyaient très sagement que la conquête, MÊME DÉFINITIVE, de la Crimée, ne nous assurerait qu'un avantage territorial de peu d'importance ; voilà pourquoi, dis-je, nos *chers* alliés nous ont poussés, entraînés si vivement de ce côté, au lieu de nous engager à prendre possession et de la Bessarabie, cette fertile et riche contrée, encore, à cette heure, au pouvoir des Moscovites, et des provinces danubiennes où ils ont laissé les Autrichiens, *ces neutres hermaphrodites*, s'installer tranquillement. — Aussi, Général, je vous crie de toutes mes forces : « Garde à nous ! » Car, la trahison de la diplomatie anglaise compromet partout les succès éclatants de nos soldats.

Si, maintenant, je considère ce qui se passe, depuis deux ans, en Asie, je suis obligé, quoiqu'à regret, de constater (l'histoire en main) qu'il y a eu, de la part des Turcs et de leurs alliés, peu d'efforts énergiques tentés, de ce côté, contre les armées du Czar. — Il semblerait, en effet, que les troupes ottomanes eussent dépensé toute leur fougue, toute leur audace, toute leur vitalité, si j'ose m'exprimer de la sorte, dans l'assaut qu'elles donnèrent, le 28 novembre 1853, au fort Chekvétil, nommé Saint-Nicolas par les Russes, — assaut qui, cependant, leur livra, dès le début de la guerre, une position assez importante sur la rive orientale de la Mer-Noire.

Peu de temps après, en effet, c'est-à-dire à la fin de 1853, Abdi-Pacha, général en chef de l'armée d'Anatolie, non-seulement est forcé de lever le siège d'Alexandropol qu'il avait entrepris, ô dérision ! sans être en mesure de couvrir l'armée assiégeante, mais il se fait battre et *bien battre*, le 26 novembre, à Alkhalzic, par le prince Andronnikoff, et le 2 décembre, à Basch-Kadyk-laz, par le prince Béboutoff. — Tel est, pour 1853, le bilan exact, mais peu riche et peu glorieux de l'armée turque d'Asie.

En 1854, cette même armée qui, à la suite de ses récentes défaites, avait dû être complètement réorganisée, ne donne pas le moindre signe de vie ; et, au lieu de prêter appui aux tribus caucasiennes, qui, par leurs attaques incessantes et heureuses contre les forts russes, depuis Soujouk-Kalé jusqu'à Navinghinskoï, et contre les troupes du prince Woronzoff, aux bords du Térek et dans les défilés de Jakortola, se montrent disposées à poursuivre une vigoureuse offensive en Circassie et en Géorgie, cette lâche armée d'Anatolie, commandée par des généraux incapables, se contente d'occuper tranquillement les garnisons de l'Asie-Mineure.

Vient 1855. Même couardise et même inaction de la part des Turcs.

Cependant, sur la fin de l'été, le général russe Mourawieff accourt de Tiflis à la tête de quarante-cinq mille combattants; met le siége devant Kars, et oblige ainsi les Ottomans à sortir de leur déplorable torpeur. La garnison de Kars se défend avec courage et même avec héroïsme; mais, entièrement cernée, et ne recevant aucun secours de Sélim-Pacha, ce prétendu *ravitailleur,* qui se tient soigneusement caché dans Erzeroum avec une division turque de quinze à seize mille hommes, cette vaillante garnison entrevoit avec désespoir le moment fatal, où, complètement épuisée et totalement abandonnée, elle sera forcée de se rendre aux Russes. — Informé à temps, quoiqu'à grand-peine, de la périlleuse situation dans laquelle se trouve la ville assiégée, le gouvernement ottoman perd à délibérer des moments précieux, et, remarquez bien ceci, lorsque le dernier et sublime râle des défenseurs de Kars arrive à ses oreilles, *il songe, oui, il songe seulement à faire quelque chose!*

C'est alors que, sous prétexte de créer une prompte et puissante diversion, ainsi que d'attirer les envahisseurs à la défense de leur propre territoire, Omer-Pacha (ce généralissime que j'appelle à bon droit, le Fabius-Dormitor des Osmanlis) débarquant une armée de secours, assez considérable et passablement aguerrie, sur la côte orientale de la Mer-Noire, arrive lui-même près de l'Ingoul, et marche (ce n'est pas une plaisanterie) en tournant, en quelque sorte, le dos à son véritable adversaire, sur Kutaïs où le mauvais temps, d'ailleurs, l'empêchera de parvenir; et, après avoir cherché inutilement, ô comble d'impéritie et de.....! à s'enfoncer dans une impasse fermée, de tous côtés, par des montagnes infranchissables, ce *grrrand* général retournera piteusement, honteusement sur ses pas, dès qu'il apprendra la reddition d'une place dont il devait être le libérateur! — O stratège émérite, voilà de tes coups!

Les Turcs diront, sans doute, pour se consoler, — et, je vous le

demande, Général, quelle belle fiche de consolation! — que cette invasion d'Omer-Pacha, accomplie quelques mois plus tôt, sauvait évidemment Kars et rappelait la Russie à la défense de son propre territoire. — Chansons, chansons que tout cela! — Le fameux généralissime ottoman eût-il envahi, au cœur même de l'été, la Mingrélie et l'Imérifie, qu'il lui devenait impossible de parvenir jusqu'à Tiflis, véritable but, ou je me trompe fort, de son plan de campagne, si, tout d'abord, il ne s'était pas assuré du concours efficace des tribus caucasiennes qui bordent les deux provinces susnommées; car la topographie exacte de la contrée dans laquelle Omer-Pacha, par une aberration d'esprit qui ressemble beaucoup à de la trahison, a voulu s'engager, en plein hiver, et sans avoir réclamé l'assistance de Schamyl, ce gardien indompté des défilés du Caucase; car, disons-nous, la topographie exacte, réelle de l'ancienne Colchide, nous représente l'Imérifie, surtout, comme un véritable cul-de-sac. — Ce pays, en effet, est entouré par un contre-fort de la chaîne du Caucase, appelé monts Amimsrat, qui le ceint d'une ligne dont la forme peut être comparée à celle d'une cédille qu'on rattacherait juste au milieu de la grande chaîne caucasienne, et dont l'extrémité de la courbure inférieure viendrait expirer à quelques lieues de la côte, en face de l'embouchure du Rion (ancien Phase). Or, cette chaîne est infranchissable dans toute son étendue, à l'exception d'un seul passage qui la traverse par le milieu; et encore, ce passage est-il un défilé très dangereux, qu'un corps d'armée de dix mille hommes pourrait intercepter à l'armée la plus formidable. Aussi, on raconte que, lorsque le général russe apprit la marche d'Omer-Pacha sur Kutaïs, il s'écria avec joie : « Qu'il marche, qu'il s'em-
« pare même de Kutaïs; mais il n'ira pas plus loin, et, moi,
« j'aurai Kars et, avec Kars, j'aurai Erzeroum, tandis que Kutaïs
« ne lui donne rien. » Cette réponse faite par un homme qui connaît parfaitement la topographie des provinces transcaucasiennes, explique l'obstination des Russes à bloquer Kars; — obstination qui, en définitive, leur a valu un beau triomphe, et a mis en relief, si je puis m'exprimer de la sorte, l'immense désappointement qu'Omer-Pacha n'a pas tardé à subir, à la suite de son malencontreux plan de campagne. — Il avait fallu beaucoup de temps à ce général pour acquérir une sorte de réputation militaire; il ne lui a fallu qu'un mois pour la perdre. Et, à tout bien considérer, cette sorte de réputation n'était pas même méritée; car,

sur le Danube, il s'est toujours conduit en véritable *temporiseur*, se bornant à observer les Russes, et à charger ses lieutenants de leur livrer bataille, dès qu'ils tenteraient de passer le fleuve. C'est même, pour la deuxième fois, déjà, qu'il montre la plus profonde incapacité; c'est pour la deuxième fois, déjà, qu'il montre son inhabileté à délivrer une ville assiégée. Rappelez-vous Silistrie qu'il n'a jamais secourue efficacement, et Kars qu'il s'est plu à abandonner à son triste destin. L'homme donc, en tant que stratégiste et tacticien, est parfaitement jugé; et si, en sa double qualité d'Autrichien et d'apostat, il fait la guerre comme la cour de Vienne fait de la diplomatie, il frise, je le crois bien, la trahison. — Certes, il n'y a pas à en douter, l'Autriche, en dépit du traité du 2 décembre 1854, marche, depuis le commencement des hostilités, et marchera toujours, — tant que surtout les armées alliées n'auront pas remporté une victoire décisive, sur les traces de la Russie. Aussi, conventions secrètes conclues, dans ces derniers temps, par la cour de Vienne avec la Sublime Porte; — occupation provisoire (je crains de dire plus tard, définitive), par qui vous savez, des principautés danubiennes, à titre de neutralité armée, mais, en réalité, belles et bonnes lettres de change tirées à vue par un prétendu confédéré sur la débonnaire Turquie, gages matériels de premier ordre saisis en prévision d'un avenir douteux, au détriment de la partie la plus faible, et pouvant, au besoin, être facilement retenus; — alliance défensive (non offensive) contractée avec les puissances occidentales; — protocoles sempiternels, mémorandums machiavéliques, marches et contre-marches au sein du fameux congrès de Vienne: tout cela, soyez-en certain, Général, n'est qu'un leurre germanique au moyen duquel le rusé gouvernement de l'empereur François-Joseph s'est efforcé, d'abord, de calmer, d'endormir les soupçons des cabinets de Londres et de Paris; puis, de gagner du temps pour parer, en Italie et en Hongrie, à toutes éventualités révolutionnaires. — Réfléchissez, réfléchissez, Général, à tout ce que j'ai l'honneur de vous écrire, et vous verrez que je suis constamment dans le vrai. — Poursuivons; et, si vous voulez bien vous transporter, de nouveau, par la pensée, sur le théâtre de la guerre en Asie, nous examinerons rapidement ce qu'il y avait et ce qu'il y aurait encore à faire pour délivrer Kars.

À mon avis; il fallait qu'Omer-Pacha, en débarquant une armée ottomane de trente-cinq à quarante mille hommes sur les côtes orientales de la Mer-Noire, eût eu le soin, d'abord, d'établir sa base d'opérations de Batoum à Trébizonde, afin que, ralliant sur-le-champ la division de Sélim-Pacha à Erzeroum, et manœuvrant, au préalable, dans le triangle quasi-équilatéral formé par les trois villes susnommées, il pût, après avoir pris bientôt pour nouvelle base d'opérations la ligne de Batoum à Erzeroum, et pour *but objectif* la place de Kars, manœuvrer facilement, quoique avec prudence, dans le second triangle quasi-équilatéral, dont Kars, Batoum et Erzeroum sont les sommets, — de manière à balayer complètement la route d'Erzeroum à Kars, alors interceptée par les Russes, et la seule praticable, en hiver, sur ce théâtre de la guerre; — de manière aussi à menacer sérieusement soit Erivan, à l'ouest, soit Akhaltzich, à l'est de la Géorgie, et, par l'un ou l'autre de ces deux points, Tiflis, siége de la puissance moscovite dans les puissances transcaucasiennes; et, dès lors, je suis autorisé à croire que le général Mourawieff, craignant de voir un ennemi audacieux lui couper la route (de Kars à Tiflis) par laquelle il pouvait recevoir des renforts ou effectuer sa retraite, n'aurait pas tardé à ordonner aux troupes assiégeantes un mouvement bien prononcé en arrière, ou se serait décidé à accepter, aux environs de la ville assiégée, une bataille dont l'issue, ce me semble, n'eût pas été douteuse, attendu que l'armée russe forcée, à la fois, de repousser une sortie générale des assiégés et de combattre une armée supérieure en nombre et passablement aguerrie, eût été infailliblement et promptement vaincue.

Kars entièrement délivré, qu'aurait-il fallu faire pour repousser les soldats du Czar bien au-delà des montagnes du Caucase? — Je réponds sans hésiter : Le général ottoman, pour profiter habilement et diligemment de la victoire, aurait dû ramener les Russes, tambour battant, jusque dans Alexandropol; puis, les laissant bloqués étroitement dans cette forteresse, il aurait fallu qu'il se hâtât de faire opérer à son armée un mouvement tournant vers l'ouest de la Géorgie, afin de la rapprocher rapidement des tribus caucasiennes et de la joindre aux nombreuses et belliqueuses bandes de Schamyl. Cette jonction une fois effectuée, il lui eût été facile, en insurgeant tout le Caucase, et en poussant les chefs montagnards à s'emparer des portes, dites Caucasienne et d'Albanie (dont les clefs sont Dariel et Derbent); il lui eût été, certes, très facile de prendre, comme dans une souricière, les maîtres de Tiflis. Aujourd'hui, les territoires transcaucasiens de la Russie, ne peuvent être considérés que comme une *tête de pont* vers l'Asie méridionale : or, si le *pont même* venait à être emporté par le torrent descendu de la montagne, les *dehors*, entièrement isolés et découverts, seraient bientôt ravagés par le fléau dévastateur ; — ce qui équivaut à dire que les riches provinces, situées au-delà des ouvrages d'art dont les Russes auraient été violemment et inopinément dépossédés par les montagnards insurgés, ne tarderaient pas à devenir la proie des contingents de Schamyl, soutenus, renforcés par des troupes régulières.

Quoique Kars soit maintenant au pouvoir de l'ennemi, le plan ci-dessus exposé me paraît encore, dans les circonstances présentes, le seul praticable ; mais, à la vérité, le général qui serait chargé de le mettre à exécution, ne saurait, pour le faire réussir, déployer trop d'habileté, de résolution et de circonspection.

Toujours est-il que, grâce à l'incurie du gouvernement turc, l'Asie-Mineure, oubliée et mal défendue, a vu tomber non pas son boulevard, comme le prétend orgueilleusement Mourawieff, mais une des places qui conduisent dans ses fertiles plaines. Néanmoins, il est de toute évidence qu'une armée russe s'emparât-elle d'Erzeroum, de Trébizonde même, n'irait guère plus loin, et ne menacerait jamais sérieusement Constantinople, tant que les flottes alliées seraient maîtresses du Bosphore, et pourraient inquiéter les côtes méridionales de la Mer-Noire, non loin desquelles passe la route qu'une armée d'invasion serait tenue de suivre pour arriver jusqu'à Scutari.

Maintenant, si l'on se rappelle, si l'on considère que la prise de Hérat par les Persans, ces très humbles serviteurs de la Russie, a pour ainsi dire coïncidé avec la prise de Kars par les Moscovites, et avec le mouvement en avant du général Mourawieff, l'on doit reconnaître qu'une telle impulsion, ou plutôt, une telle direction donnée à la guerre d'Orient, dans une de ses nombreuses phases, dénote chez le Czar l'intention assez formelle de menacer la domination anglaise dans l'Asie centrale, et de poursuivre, tôt ou tard, le plan formé, au commencement de ce siècle, par l'empereur Napoléon, — plan qui consisterait à entreprendre par terre la conquête de l'Inde. Mais, tout bien examiné et pesé, les affaires de l'Asie caucasienne sont de fort peu d'importance pour la France ; et nous commettrions une insigne folie, si nous dépensions notre or et le sang de nos braves soldats dans une campagne qui aurait pour but de délivrer MM. les Anglais des craintes que leur inspire

la marche victorieuse des Russes dans l'Arménie turque, et la pointe audacieuse des Persans dans le royaume de Hérat. Si nos *chers* et cordiaux alliés tiennent à leurs riches possessions indiennes, par ma foi! c'est à eux de les défendre. — Ne vous laissez donc pas prendre, Général, à la glu de leurs paroles dorées, et de leurs belles protestations d'amitié. Foin de leur prétendu désintéressement! Les superbes et ombrageux potentats de l'Hindoustan redouteraient-ils le contact, le voisinage quelque peu gênant de l'Autocrate de toutes les Russies? ils peuvent, dame! oui, ils peuvent émigrer en Chine. Là, du moins, ils trouveront encore une nombreuse et bénigne population à tondre, à pressurer, à évangéliser! — Je ne croyais pas être si bon prophète; car les événements de 1857 donnent complètement raison à mes prévisions de 1856. — Reprenons :

Mais, pour Dieu! Que nos *chers* et *intimes* alliés nous laissent faire la guerre là où le Génie de la civilisation nous appelle. Nous avons mieux à faire, certes, qu'à aider MM. les Anglo-Saxons à se tirer du bourbier asiatique.

La Pologne, cette noble fille du catholicisme, près d'être couchée toute sanglante dans le lourd linceul de la barbarie, ne réclame-t-elle donc pas, à grands cris, la protection de la France? Et resterons-nous sourds, comme par le passé, à la voix des opprimés? — Non; car je vois déjà les flottes de l'Empereur, se diriger, à toutes voiles et à toute vapeur, vers les golfes de Livonie et d'Odessa pour débarquer à Riga, à Ackerman ou à Azakow, des masses imposantes de troupes, qui en pénétrant hardiment dans les provinces les plus riches et les moins soumises de l'empire russe, frapperont au cœur la puissance des Czars et provoqueront le réveil de la nationalité polonaise!

Toutefois, Général, avant d'avoir l'honneur de vous soumettre, le plus succinctement possible, un plan d'invasion applicable à l'ancien royaume de Pologne, et qui offrirait, j'ose le croire, de grands et réels avantages à la France, permettez-moi de jeter, à la hâte, un coup d'œil rétrospectif sur les deux dernières expéditions dans la Baltique; permettez-moi, aussi, de vous dire quelques mots sur la prochaine campagne que l'on projette dans le golfe de Finlande.

A ces trois questions carrément posées: Où en est-on? — Qu'a-t-on fait? — Que fera-t-on dans la Mer-Baltique? — je réponds hardiment, librement ce qui suit :

O terrible aveuglement des nations!—Il faut lire le discours, encore assez récent, de l'amiral Napier à ses électeurs, pour se convaincre qu'en l'an de grâce 1854, la Baltique, cette mer où la Russie avait accumulé le bronze et le granit, entassé, en manière de forteresses, le Pélion sur l'Ossa, était (chose incroyable), à peu près inconnue aux marins anglais et français.—En pénétrant, aussitôt après la déclaration de la guerre, dans le golfe de Finlande, on ignorait presque où l'on allait; on n'avait pas même de cartes; tout était à faire.—Où les coups devaient-ils être portés?—On ne le savait pas. L'on s'avançait bravement, mais aventureusement.

Cependant, les amiraux alliés tâtèrent, année après l'autre, les murs de Bomarsund et de Sweaborg; et la puissante artillerie des deux flottes réunies fît si bien, que les murs de granit qui protégeaient ces deux forteresses tombèrent..... dans l'eau.—Entre-temps, nos *vieux loups de mer* allèrent flairer de près la force de Cronstadt, ce premier établissement naval de l'empire russe, qui est aussi le boulevard de Saint-Pétersbourg; et nul doute qu'au moyen de chaloupes canonnières, de bâteaux plats, de bombardes, etc., etc., nous ne parvenions, cet été, à faire subir à la marine russe de la Baltique et à la place de Cronstadt, quoique fortifiée par toutes les ressources de l'art, le même sort que nous avons déjà fait subir à Sébastopol et à la flotte moscovite de la Mer-Noire; nul doute que nous ne réussissions à forcer une des quatre passes qui conduisent de Cronstadt à Saint-Pétersbourg, et gare, alors, à la couronne des Czars!

Toutefois, il devient de plus en plus évident, chaque jour, que la nation anglaise affecte de croire et de dire qu'il n'y aura désormais de repos pour elle, que si *l'œuvre* entreprise avec succès dans la Mer-Noire est continuée, qui plus est, poussée jusqu'au bout dans la Baltique.

A cette heure, il s'agit bien, par ma foi! du fameux empire des Indes!!

Mais, c'est dans cette Mer-Baltique qui, considérée comme un lac russe, menace, à l'entendre, sa puissance toujours ascendante bien plus directement qu'une marche des Moscovites en Asie; c'est dans cette mer, répétons-le, que l'Angleterre semble vouloir accomplir *son œuvre particulière*, qui, si nous n'y prenons garde, la conduirait infailliblement à la domination du monde.—Oui, à l'en croire, c'en serait fait de la civilisation, si on laissait exister la flotte russe de la Baltique, qui, cependant, il n'y a pas long-temps encore, lui paraissait *tant méprisable !* — Garez-vous du piége, Général, et rappelez-vous la fable du lion amoureux, qui s'est laissé sottement couper les ongles.

Et, pour vous convaincre que MM. les Anglais savent passer du chaud au froid et réciproquement, je juge à propos de vous citer cet autre et court passage du même livre dont j'ai eu déjà l'honneur de vous donner plusieurs extraits peu corrects, à la vérité, mais assez instructifs :

« Nous doutons, dit notre général-diplomate, qu'en temps de
« guerre, la marine russe offre à une flotte anglaise d'une force
« à peu près égale, plus de résistance que les jonques chinoises ;
« et (ô sublime forfanterie)! nous pourrions citer des autorités
« d'un grand poids, pour prouver qu'encore que les fortifications
« de Cronstadt rendissent l'entreprise difficile, cependant la ma-
« rine anglaise seule pourrait y détruire une flotte russe et forcer
« le passage avec une perte *maximum*, déterminée aussi sûrement
« que l'on peut calculer la réduction des forteresses de terre sur
« la ligne de Flandre, dans un délai donné. »

Êtes-vous assez édifié, Général, sur la jactance de nos *chers* alliés, et sur les faux cris d'alarme qu'ils poussent maintenant avec tant d'affectation et d'ensemble? — Encore une fois, ne donnez pas dans le piége, ou plutôt dans les vues intéressées du cabinet de Londres.

A coup sûr, bien des gens, tout dévoués à l'alliance anglaise, vous diront, si, déjà, ils ne vous l'ont pas dit, que c'est de la Suède et de la Finlande que peuvent s'élever les dangers les plus sérieux pour la Russie. — Erreur, trois fois erreur! Mensonge, trois fois mensonge!

Lisez, je vous prie, ce qu'a écrit, entr'autres choses et à ce sujet, M. Cyprien Robert, auteur d'un livre intitulé, Les Slaves de Turquie : « A part les questions de rivalité avec l'Angleterre et
« les grandes puissances, nous ne connaissons pas de danger plus
« sérieux pour l'unité de la Russie, que celui dont la menace le
« développement des nationalités slaves. — C'est par ces nationa-
« lités seules, et non par la pauvre Suède, que l'Europe peut
« mettre un terme aux empiétements de l'ambition moscovite.
« *La Suède et la Finlande ne pourront agir contre l'empire russe,*
« *que comme des instruments passifs du cabinet de Londres. Leur*

« *insurrection à la voix de l'Angleterre, ne ferait que consommer,*
« *dans toutes les mers du Nord, le triomphe de la marine anglaise,*
« sans aucun profit pour le reste du monde. »

Dieu veuille que l'Empereur des Français se pénètre bien de cet avis, et qu'il n'arrive pas que cette triste prophétie devienne une fâcheuse réalité! — Ne donnez donc, Général, qu'avec une extrême réserve votre assentiment à tout projet de débarquement, qui, devrait être opéré sur les côtes de Finlande par une armée ánglo-française; réservez le sang de nos concitoyens et notre or pour porter sur d'autres points, et notamment en Bessarabie et en Pologne, à la puissance moscovite, des coups plus assurés, que dis-je? des coups mortels. Veillez, enfin, à ce que les entreprises dirigées contre le Czar par le gouvernement français, quelquefois trop confiant et trop chevaleresque, ne tournent pas, plus tard, contre nous et ne nous obligent pas, un jour, à courber le front devant notre astucieuse et orgueilleuse rivale. Quelques-uns de vos très honorables collègues du grand conseil de guerre, présidé par S. M. l'empereur Napoléon III, ne manqueront pas, sans doute, de vous insinuer que la Finlande est, de toutes les parties de l'empire russe, celle qui mérite le plus d'attention de notre part, parce que cette vaste province s'étend jusqu'aux portes de Saint-Pétersbourg; parce que sa population est anti-russe; que ses plus riches districts, ses villes, ses routes, ses fortifications, ses voies navigables à l'intérieur s'étendent le long du littoral à plusieurs centaines de milles; et que, de là, on pourrait menacer sa capitale septentrionale ou en compromettre, à peu de frais, la prospérité. Ils vous diront, encore, que toutes les facilités naturelles que la Finlande offre à l'invasion, peuvent être tournées avantageusement contre la Russie, par l'effet du sentiment profond d'inimitié dont est imbue une bonne partie de la noblesse de cette contrée, mal rattachée, d'ailleurs, aux intérêts moscovites. Enfin, et lorsque, surtout, il s'agira d'obtenir votre acquiescement à leurs projets, à leurs plans de campagne, ils soutiendront, au risque de jouer étrangement avec les mots, que la Finlande, qui pouvait devenir pour les Czars un élément de puissance, une acquisition maritime d'une haute importance, s'ils avaient su s'en attacher les habitants, n'est, par suite de leur politique inflexible et maladroite, *qu'un membre ulcéré du vaste empire de Russie; qu'une épine dans ses flancs, comme les provinces du Caucase sont les pieds d'argile du colosse dont la Pologne*..

Ah! Général, quand ces messieurs du Grand Conseil de guerre viendront à prononcer le saint nom de la Pologne, arrêtez-les sur-le-champ, et dites-leur hardiment : « la Pologne, voilà le bras « avec lequel nous pouvons frapper au cœur le despote du Nord! » Et ce n'est pas vous seul qui l'aurez dit, c'est tout le monde qui l'affirme; car, nous ne triompherons réellement, nous n'obtiendrons une paix prompte et durable que par la Pologne!

Aujourd'hui que nous régnons en maîtres dans la Baltique et dans la Mer-Noire, nous pouvons facilement envahir et soulever la Pologne, en attaquant, d'abord et simultanément, au nord, Riga; au midi, Odessa; puis, en débarquant, d'un côté, à Tukkum, situé au fond du golfe de Livonie (près Riga), une armée imposante qui, se dirigeant entre la Düna et le Niémen, du nord au sud, marcherait par Doblen, Grodno et Wilna sur Varsovie, tandis que, d'un autre côté et vers le même temps, une autre armée française débarquant, après un nouveau bombardement d'Odessa, dans le voisinage des bouches du Dniester, pourrait, appuyée aussi qu'elle serait, comme l'armée du nord, par une flotte, cette place d'armes aussi propice que sûre, choisir pour base d'opérations, toute la ligne qui s'étend de Choczim à Ackerman, de manière à prendre à revers les dévastateurs de la Bessarabie, et à faire face, au besoin, à toute armée qui, accourue du fond des provinces méridionales de l'empire russe, voudrait porter secours à ces derniers. Par cette double combinaison militaire, dont je me borne, vu la longueur de ma lettre, à vous donner une très légère esquisse, nous pourrions bientôt, la Pologne aidant, nous rendre maîtres de tout le territoire russe compris entre la Mer-Noire, à l'est; la Baltique, à l'ouest; la Düna et le Dniéper, au nord-ouest-sud-est; le Dniester et la Vistule, au sud. — Et je vous le demande, Général, quelle suite de victoires aussi brillantes qu'utiles l'exécution d'un tel plan ne nous assurerait-elle pas? Quelle garantie de sécurité ne rendrions-nous pas à l'Europe, à nous-mêmes par la reconstruction d'un royaume de Pologne, qui, placé sous la protection de la France et de l'Angleterre; côtoyé, d'ailleurs, par de grands fleuves, longé par deux mers, s'appuyant sur les provinces danubiennes-unies, sur la Hongrie elle-même et sur l'empire turc, dont l'indépendance importe plus que jamais à l'équilibre du monde, redeviendrait le rempart de la civilisation occidentale.

Telles sont, Général, les observations que mon patriotisme me porte à vous soumettre, au moment où, sous les yeux de l'Empereur, vous vous occupez de la gloire et des intérêts de la France. En finissant, permettez-moi de vous répéter mon cri d'alarme : Gare aux Russes! mais aussi (sans calembourg) gare aux ruses des Anglais, nos astucieux et ambitieux alliés!

Daignez agréer, Général, l'assurance des sentiments respectueux avec lesquels j'ai l'honneur d'être votre très-humble serviteur,

PROSPER DU MONT,
Ancien Officier.

P. S. Sur le point de jeter ma longue lettre à la poste, j'apprends que la dépêche suivante vient d'être affichée à la bourse de Paris :

Vienne, 16 janvier 1856.

« Le comte Esterhazy écrit aujourd'hui de Pétersbourg, que M. de Nes-« selrode vient de lui notifier l'acceptation pure et simple des propositions « contenues dans l'ultimatum ; lesquelles propositions devront servir de « préliminaires de paix. »

Vous me trouverez, sans doute, bien incrédule, Général ; mais, je n'en persiste pas moins à vous dire, en loyal et bon patriote : « Que la paix se « fasse ou non, ne vous laissez leurrer ni par l'Autriche ni par l'Angle-« terre ; et soyez plus que jamais sur vos gardes ! »

RÉFLEXION DE L'AUTEUR.

15 avril 1856.

Si, réserve ou plutôt, abstraction faite de toute question pécuniaire, je me félicite sincèrement et hautement de ce que le traité du 30 mars, dit Traité de Paris, ait mis fin à des hostilités qui, poursuivies à outrance, ne pouvaient que profiter à l'Angleterre, notre *singulière* alliée en dépit des *souvenirs de Sainte-Hélène;* si je vois et constate avec joie, que les deux premières nations continentales de l'Europe, un instant rivales, mais que des dissensions passagères, n'avaient pas, cependant, rendues mortelles ennemies, ont cessé de se faire une guerre aussi impolitique que meurtrière ; si, enfin, je me plais à croire que la Concorde Universelle est sortie, *rajeunie* et *raffermie*, des Conférences tenues dans la capitale de la France, je n'en dois que m'apitoyer avec plus de force sur le sort de la Pologne, cette grande martyre des temps modernes, cruellement déçue dans ses chères espérances, dans ses dernières illusions, livrée désormais, sans pitié ni merci, au bon caprice des Czars, et dont la guerre d'Orient considérée, au début, comme une guerre d'indépendance, comme une œuvre de salut pour les peuples opprimés, mais, plus tard, hélas! distraite fatalement de son but, a peut-être (qu'on me pardonne cette sorte de blasphème)! scellé définitivement le tombeau!! — *Ipsa sed gens tota sine macula erit ante thronum Dei.* Mais, cette nation paraîtra sans tache devant le trône de Dieu.

www.ingramcontent.com/pod-product-compliance
Lightning Source LLC
Chambersburg PA
CBHW060727050426
42451CB00010B/1659